FACULTÉ DE THÉOLOGIE DE PARIS.

OUVERTURE DES COURS.

FACULTÉ DE THÉOLOGIE DE PARIS.

OUVERTURE DES COURS

LE 5 DÉCEMBRE 1864.

DISCOURS DE M. L'ABBÉ BOURRET

PROFESSEUR DE DROIT CANONIQUE
A LA FACULTÉ.

PARIS.

TYPOGRAPHIE DE JULES DELALAIN

IMPRIMEUR DE L'UNIVERSITÉ

RUE DES ÉCOLES, VIS-A-VIS DE LA SORBONNE.

1865.

Les cours de la faculté de théologie de Paris ont été ouverts le 5 décembre 1864, dans l'église de la Sorbonne. Mgr l'archevêque de Paris présidait la cérémonie ; plusieurs prélats siégeaient à ses côtés, et un nombreux clergé occupait le chœur de l'église. Des places d'honneur avaient été réservées pour les hauts fonctionnaires de l'Université.

Après la messe du Saint-Esprit, M. l'abbé Bourret, professeur de droit canonique, a prononcé le discours que nous publions aujourd'hui. Pendant une heure, il a su captiver l'attention de son nombreux auditoire. Comme ses auditeurs, les lecteurs de ce discours applaudiront, nous l'espérons, à la solide érudition, à la clarté de style, à la sagesse des pensées qui y règnent.

Après le discours d'ouverture, Mgr Maret, évêque de Sura, a donné lecture d'un rapport sur les travaux et les actes de la faculté pendant l'année précédente. Dans une analyse rapide, mais pleine de clarté et d'intérêt, l'éminent doyen de la faculté a résumé l'enseignement de chacune des chaires. Le public d'élite qui écoutait ce rapport a reconnu que les sujets choisis par les professeurs étaient de la plus haute importance et parfaitement en harmonie avec l'état des esprits et les besoins de la science. La manière dont ils ont été traités témoigne de la largeur et de l'élévation d'un enseignement qui n'est pas indigne de l'antique Sorbonne.] La partie la moins intéressante de ce rapport n'a pas été celle où l'illustre doyen a fait connaître les trois thèses qui ont été présentées et soutenues pendant l'année, pour le doctorat, par M. Malé, vicaire à Neuilly-sur-Seine, par M. Tilloy, aumônier du collége Rollin, et par M. Dormagen, professeur au grand séminaire de Nancy.

Il a été enfin constaté, par des chiffres officiels, que le nombre des auditeurs, des candidats, des inscriptions et des grades conférés s'élevait tous les ans. Ce fait si significatif est une preuve irrécusable de l'activité toujours croissante que la faculté développe, comme de la considération qui s'attache à ses travaux et aux titres qu'elle accorde. Nul ne peut douter, aujourd'hui, qu'elle ne soit appelée à exercer une heureuse influence sur les esprits et sur les études.

Prenant texte du discours de M. l'abbé Bourret et du savant rapport de Mgr de Sura, Mgr l'archevêque de Paris, dans une improvisation brillante, a fait un éloge magnifique de la théologie dogmatique et morale. La parole de Mgr l'archevêque a été, comme toujours, vive et entraînante. Par moments, l'illustre prélat a fait naître dans l'auditoire une profonde émotion ; dans deux passages notamment, il s'est élevé à la plus haute éloquence.

Avec la direction éprouvée qui préside à ses travaux, et sous l'autorité et la protection du sage et savant archevêque qui gouverne l'Église de Paris, la faculté de théologie ne peut manquer d'obtenir de nouveaux succès, qui seront enfin récompensés par les bénédictions du Saint-Siége.

Le secrétaire de la faculté de théologie :

L'ABBÉ G. BAZIN,
Chanoine honoraire.

DISCOURS

SUR

L'HISTOIRE DE L'ANCIENNE FACULTÉ

DE DÉCRET DE PARIS.

Messeigneurs[1], Messieurs,

Depuis trois ou quatre ans, la faculté de théologie de Paris, reprenant un de ses anciens usages, inaugure ses cours par l'examen de quelqu'une des grandes questions qui se rattachent à son histoire ou à son enseignement. C'est ainsi que notre vénérable doyen et les aînés de nos confrères sont déjà venus vous entretenir de la situation présente de l'Église, de cette fameuse école de Sorbonne qui fut sans rivale dans le monde, et de l'estime que doit continuer de garder la théologie dans les esprits et dans les consciences. M'inspirant de leur pensée, sinon de leur talent, je viens à mon tour vous parler de l'ancienne faculté de décret de l'université de Paris, de sa constitu-

---

[1]. Mgr l'archevêque de Paris; Mgr Allouvry, ancien évêque de Pamiers; Mgr de Pompignac, évêque de Saint-Flour; Mgr Maret, évêque de Sura, doyen de la faculté de théologie; Mgr Buquet, évêque de Parium; Mgr Meignan, évêque nommé de Châlons.

tion, de son enseignement, de sa ruine et de ce qui a pu se faire sur cette ruine; c'est-à-dire de la fortune diverse du droit parmi nous. C'est une page qui vient s'ajouter d'elle-même aux savantes dissertations qui vous ont été présentées; si elle n'est pas la mieux faite, peut-être y trouverez-vous néanmoins quelque instruction et quelque intérêt.

A l'origine, l'étude des saints décrets n'était point séparée de la théologie. Les canons des conciles et les décisions suprêmes des papes n'étaient qu'un lieu de preuve, un moyen de confirmation de la thèse, comme les emploient encore du reste les auteurs qui traitent du dogme ou de la morale. Ce n'est que peu à peu, lorsque l'Église étendit sa puissance, et avec elle les lois qui devaient la défendre, que cette branche des sciences ecclésiastiques prit une importance plus grande et tendit à se distinguer en un corps de doctrine spéciale.

Cette tendance est fort remarquable déjà sous les premiers successeurs de Charlemagne. Les collections du faux Isidore, de l'abbé Réginon, d'Anselme de Lucques, de Burchard, d'Yves de Chartres et de leurs imitateurs sont comme autant de formulaires d'une science qui vise à s'individualiser tous les jours. Vers le milieu du douzième siècle cette séparation paraît accomplie. On étudie à part dans les écoles la théologie et les décrets, auxquels vient s'adjoindre le droit civil; car l'ignorance des temps et la confiance des peuples avaient remis aux mains du clergé toutes choses, la judicature comme le reste.

Cet enseignement ne fut pas moins brillant ni moins suivi que celui de la théologie dont il s'était démembré. Au temps dont nous parlons, florissait à Bologne une école qui a laissé un immense renom dans l'histoire. Des maîtres célèbres attiraient autour de leur chaire une nuée d'auditeurs, qui s'en retournaient dans leur pays propager le goût d'une étude qui les avait captivés. Le droit civil surtout passionnait les esprits : on venait de découvrir les livres de Justinien, et les auteurs racontent que tels en étaient les charmes, que les moines quittaient leurs cloîtres et les clercs leurs offices pour se livrer à cette séduisante lecture. Il fallut que les papes intervinssent pour arrêter une ardeur que l'appât du lucre sans doute excitait autant que les aménités du Digeste. Heureux temps, et combien peu aujourd'hui a-t-on sur ce point à modérer la jeunesse !

Si Bologne était l'école la plus renommée, elle n'était pas la seule. En France, en Angleterre, en Espagne, les villes académiques comptaient aussi des maîtres de droit. Paris avait les siens. Dans cette vieille école épiscopale de la cité, où les évêques élevaient la jeunesse pour le recrutement du sanctuaire et les besoins libéraux de la société, l'étude des lois marchait de pair avec celle de la grammaire et des sciences sacrées. Il ne pouvait guère en être autrement. La connaissance des saints canons est le complément nécessaire de la théologie, et ce n'était pas le moment de s'en taire, quand celle-ci avait pour interprètes les grandes voix d'Abailard et d'Hugues de Saint-Victor. Il y avait donc des décrétistes à Paris, vers le milieu du douzième siècle : leur enseignement s'était même développé tellement que, quand les écoles se groupent à la même époque en une fédération générale, ils sont en état de former une corporation distincte et d'avoir des statuts à part. Les maîtres en décret apparaissent, en cette qualité et cette dénomination, aux premiers actes qui constituent l'université de Paris. Le légat Robert de Courçon les mentionne, à l'égal des artistes et des théologiens, dans la première sanction authentique que le saint-siége octroie à ses règlements. Ils ont leur part dans la suite aux faveurs des papes et des rois, et demeurent associés à toutes les vicissitudes de ce corps illustre.

Je viens de vous dire que l'école de droit de Paris avait commencé, comme les autres, à fonctionner dans le cloître Notre-Dame, sous la surveillance de l'évêque, à qui elle fournissait ses hommes utiles, et l'œil jaloux du chancelier. Il paraît qu'on y enseignait, selon l'usage, les lois civiles conjointement avec les décrets. *Licentiam legendi de decretis vel legibus,* lisons-nous dans la première charte de ses priviléges. En 1219, le pape Honorius III défendit ce mélange : il jugeait peu utile la connaissance du droit romain à un pays qui ne le pratiquait pas, et il voulait éloigner les religieux et les clercs de la poursuite des causes foraines qui leur faisait négliger les premiers devoirs de leur vocation.

La faculté de droit de Paris resta donc exclusivement une faculté de droit ecclésiastique, et si parfois on relève autour d'elle quelques traces d'un autre enseignement, ce n'est qu'en fraude de la loi, à laquelle du reste ne tardent pas de la rappeler les règlements et la jalousie des universités voisines. Bien que restreints dans leurs attributions, les décrétistes sentent bientôt le besoin d'élargir leurs frontières. Ils étaient gênés dans le cloître, et le chancelier, dont chaque privilége acquis à l'université était une déperdition de sa propre puissance, ne se montrait pas bon voisin. Comme les autres maîtres, ils voulurent s'éloigner, et, avec la permission du même Honorius, ils passèrent les ponts et furent s'installer au Clos-Bruneau, un peu au-dessus des écoles des artistes qui avaient déjà transporté Apollon et les muses dans la rue du Fouarre. C'était en 1227, aux débuts du règne de saint Louis. C'est à partir de cette migration sur le versant de la montagne de la science, comme on disait alors, que datent la vraie vie et la véritable organisation de la faculté. Essayons de les décrire et de nous rendre compte de son jeu et de son fonctionnement.

On appelait faculté, au moyen âge, une réunion de maîtres appartenant à une même spécialité scientifique et donnant un même ordre d'enseignement. Paris en comptait quatre : la faculté de théologie, qui tenait le premier rang; la faculté de décret, *consultissima juris facultas*; la faculté de médecine, et la faculté des arts, qui se subdivisait en quatre nations distinctes. L'ensemble de ces corporations constituait l'université, qui avait pour chef le recteur, et pour juge de sa doctrine le chancelier du chapitre de Notre-Dame.

Les docteurs seuls composaient les facultés. Ni les étudiants, ni les gradués inférieurs n'en faisaient partie, bien qu'ils eussent part à tous les priviléges et exemptions du corps. Ces docteurs étaient divisés en régents et non régents, c'est-à-dire en maîtres enseignants et en maîtres qui n'enseignaient pas. Les premiers formaient le conseil ordinaire de la faculté; les autres, pourvus de bénéfices ou de charges administratives, n'apparaissaient qu'aux grands jours et dans les circonstances solennelles. La réunion des docteurs en décret portait plus particulièrement le nom de collége, *collegium*.

Chaque compagnie avait ses chefs particuliers, éligibles à de courts intervalles. Ils portaient les noms de syndic en théologie, de procureur dans les nations des arts, de doyen dans les facultés de droit et de médecine. On leur adjoignait un comptable pour la gestion des fonds et deux bedeaux pour le service et l'exécution des ordres. Tous ces officiers faisaient peu par eux-mêmes, et leurs fonctions étaient plus honorifiques que réelles. Les facultés s'administraient, comme de vraies républiques, dans leurs assemblées générales, qui se tenaient dans les églises voisines de leurs écoles respectives. La faculté de décret se réunissait dans l'église des Templiers, appelée pour cela Saint-Jean de Jérusalem, et devenue depuis l'église Saint-Jean de Latran. Les artistes allaient à Saint-Julien le Pauvre, et on tenait aux Mathurins les assemblées générales de l'université et de la faculté de théologie. Dans ces assemblées, chaque membre opinait par tête et les décisions se prenaient à la majorité des suffrages. On y portait toutes choses : les règlements à prendre, les réformes à faire, les questions à décider, les plaintes, les demandes, la revendication des moindres droits. Si justice n'était pas faite, on avait un moyen légal et autorisé de témoigner son mécontentement : on se mettait en grève, on suspendait les leçons et les sermons ; ce qui était presque toujours le signal d'une émeute.

Les maîtres de théologie étaient tous clercs, et toujours ils le furent ; ceux des autres facultés pouvaient ne pas l'être ; mais le célibat était obligatoire pour tous, même pour les médecins. Pour ceux-ci on se relâcha plus tard de la rigueur de cette prescription ; mais on ne voulut jamais en concéder dispense aux décrétistes, qui, à partir du seizième siècle, paraissent souvent se l'être accordée. Les réguliers pouvaient lire en théologie, non-seulement dans l'intérieur du couvent, mais en public. D'abord ils ne le purent pas en décret, parce que la défense de s'appliquer au droit civil les empêchait de prendre les grades; mais quand les papes d'Avignon eurent permis, avec l'étude des seuls canons, d'y prétendre, quelques-uns, comme les Bénédictins et les Augustins, s'y livrèrent.

Il n'était pas loisible à chacun d'ouvrir une école. Au moyen âge l'enseignement n'était pas libre, et subissait comme toutes les choses de ce temps la loi de l'exception et du privilége. La théologie ne pouvait publiquement s'enseigner que dans douze endroits différents, dans les couvents des principaux ordres et aux colléges de Sorbonne et de Navarre. Les écoles de décret se trouvaient, comme je vous l'ai dit, au Clos-Bruneau, dans la rue qui, après avoir porté ce nom, s'est appelée plus tard Saint-Jean-de-Beauvais. Elles n'étaient ni grandes ni belles, et les ruelles qui y menaient, étroites et malpropres, ne ressemblaient guère aux larges avenues que l'on aligne aujourd'hui sur leur place.

Les divisions fractionnaires de l'enseignement, ou, comme nous dirions aujourd'hui, le nombre des chaires, variait selon la nature de la science enseignée. Aux écoles des arts, on apprenait principalement la grammaire et la philosophie; en théologie, l'Écriture sainte et la scolastique. Dans la faculté de droit, on se partageait entre l'étude des décrétales et du décret de Gratien. Plus tard on y joignit le Sexte et les Clémentines. On paraît aussi y avoir commenté d'assez bonne heure les Institutes de Justinien, bien que le droit civil fût officiellement prohibé. Les mêmes matières étaient répétées et commentées par plusieurs maîtres. Seulement, il y avait un ordre à suivre : on devait lire en première année telle chose, telle autre chose l'année suivante, afin que chaque étudiant pût parcourir, sans rien omettre, le cercle des questions qu'aux examens il aurait à traiter.

Quiconque avait obtenu le droit de régence pouvait donner des leçons. Dans la faculté de théologie, qui était une agrégation de communautés régulières et séculières, on cherchait à se faire employer dans les colléges de plein exercice. Dans les autres facultés, on s'en allait aux écoles publiques louer une salle à ses frais, et on offrait ses services à qui les demandait. On n'était pas toujours suivi ni bien achalandé, et plus d'un, faute d'auditeurs, était obligé de cesser ses cours ou de les abréger. Il n'y avait pas pour ces leçons de rémunération publique. L'université n'était pas riche et l'institution des professeurs royaux n'était pas encore venue. Les maîtres bacheliers étaient défrayés par leurs élèves, qui leur donnaient tant de bourses, c'est-à-dire la valeur représentative de ce que pouvait dépenser un étudiant par semaine. Les docteurs avaient pour eux les droits d'examen, quelques jetons de présence aux messes de leur compagnie et le revenu des bénéfices qu'ils pouvaient posséder d'ailleurs. Ce n'était pas la fortune, pas même toujours l'aisance; et néanmoins les fonctions de régent étaient recherchées. On y voyait un moyen honorable de gagner sa vie, de se faire connaître au dehors, et d'arriver plus facilement ainsi aux charges et aux dignités. Les décrétistes en particulier étaient souvent tirés de leurs écoles pour faire des officiaux, entrer dans les parlements ou les autres conseils de justice.

L'année scolaire se divisait en deux parties : le temps d'avant et le temps d'après Pâques. La première partie s'appelait le grand ordinaire, la seconde, le petit ordinaire. L'un et l'autre de ces deux temps était coupé par de nombreux jours de congé et par des fêtes encore plus nombreuses, dont les unes étaient propres à l'université tout entière et les autres à chaque faculté. La faculté de décret avait les plus longues vacances et le plus grand nombre de fêtes. Il ne paraît pourtant pas que ses professeurs fussent les plus dévots.

En bonne forme, tous les cours auraient dû être faits par des docteurs ou licenciés, puisqu'eux seuls avaient le droit d'enseigner. L'usage s'était cependant introduit de faire parler les bacheliers, et même c'était sur eux que tombait la plus grande partie du travail. Les maîtres se réservaient pour la présidence des actes, la direction des disputes et quelques leçons d'apparat. Aux écoles de droit, les bacheliers devaient lire trois fois par semaine et s'en tenir aux décrétales. Il était enjoint aux docteurs de paraître au moins tous les quinze jours, et eux seuls avaient qualité pour expliquer le décret. Dans toutes les facultés, les leçons, surtout celles des bacheliers, se faisaient généralement le matin, à partir de l'heure de prime jusqu'à l'heure de sexte, c'est-à-dire depuis le lever du soleil jusqu'à midi. C'étaient les cloches des églises et des couvents d'alentour qui avertissaient les étudiants de s'y rendre. Les heures de l'après-midi étaient réservées pour les examens, les sermons, les conférences, les leçons extraordinaires et les argumentations publiques. En dehors des exercices communs, il y avait en effet des exercices supplémentaires où se montraient les maîtres en vogue et ceux qui se sentaient le désir de le devenir. Pour les leçons ordinaires comme pour les disputes, les écoles du Clos-Bruneau n'avaient pas la réputation de fournir les plus forts ni les plus empressés.

D'habitude on lisait les leçons et même souvent les répliques, d'où l'expression usitée : *legere in scholis*. Il paraît que cette lecture était fastidieuse, car plusieurs fois on la défend dans les règlements de réforme. Les maîtres qui étaient assez forts pour parler d'abondance étaient les plus écoutés. Ils procédaient selon la méthode du temps, ou par manière d'exposition, c'est-à-dire de commentaire du texte, ou par questions, *casus, quæstiones*, c'est-à-dire par argumentation contradictoire sur une hypothèse donnée. De théorie générale, de développements propres au professeur, ce n'était pas dans l'ordre. Suivant le mot de Roger Bacon, quand on savait le texte, on savait tout ce qui concerne la science qui est l'objet de ce texte.

J'ai dans l'idée qu'un décrétiste professant ainsi ne devait pas être un homme fort amusant. La lecture de Gratien entraîne peu d'elle-même, les gloses et les volumineux commentaires qu'on était obligé d'ajouter ne devait pas la rendre plus attrayante. Rien d'ailleurs d'extraordinaire dans la salle, sinon la simplicité de son mobilier. Le maître en chape noire, avec capuchon fourré de menu vair, se tenait sur une chaise à pupitre ; les auditeurs étaient par terre ou sur de la paille, quand il y en avait.

Les cours étaient faits en vue des grades, parce que du grade dépendait la profession. Dans la faculté de décret, comme dans les autres, le degré fondamental était le baccalauréat ou déterminance. Au moyen âge, il n'y avait même, à proprement parler, que ce grade ; car la licence était la permission donnée au bachelier d'enseigner, et le doctorat était plutôt une intronisation solennelle dans le corps des maîtres qu'une épreuve de savoir.

Le baccalauréat s'obtenait en droit, après six ans d'assistance aux lectures, par un examen préparatoire, où le candidat était argumenté par les docteurs, et par deux actes publics que l'on appelait *propositum* et *harenga*. Le *propositum* était une décision motivée d'une question du répertoire, avec réfutation des opinions contraires à celles du candidat. La *harenga* était un discours à la louange du droit canon, dans lequel l'orateur intercalait un peu la louange de toutes choses, surtout de la science des docteurs qui le recevaient. Après quatre ou cinq ans d'études nouvelles, ou plutôt de leçons au compte d'un docteur, on subissait un nouvel examen qui n'était pas public, et le doyen conduisait solennellement les bacheliers jugés dignes de la licence devant le chancelier, qui leur donnait la bénédiction et leur adressait un discours, dont il nous reste un beau modèle dans les écrits de Gerson.

Il n'était point requis pour le doctorat de nouveaux interstices; on pouvait le passer l'année même de la licence. Les actes en étaient analogues à ceux de la faculté de théologie. Le premier s'appelait aussi *vesperies*; le second, qui correspondait à l'*aulique,* portait en décret le nom de *doctorizatio*. C'étaient deux argumentations solennelles où maîtres et bacheliers venaient tour à tour proposer leurs objections. Le troisième, appelé *repetitio,* était une leçon d'éclat, dans laquelle le nouveau docteur s'efforçait de montrer par ses qualités qu'il était bien digne d'entrer dans le corps savant qui venait de se l'associer. Dans l'une comme dans l'autre des quatre facultés, ces épreuves, dont

le nom et l'appareil en imposent, n'étaient pas toujours un témoignage certain du savoir. Même quand tout se passait au mieux, il y avait souvent plus de bruit que de science. Les discours dégénéraient facilement en déclamations, et les thèses en arguties, où l'on se querellait tout autant sur la forme et la valeur d'un syllogisme que sur le fond même de la doctrine.

Les frais de tous ces examens étaient fort chers. C'était le bénéfice le plus net des maîtres et des officiers d'administration et de service. Aussi exigeaient-ils le plus qu'ils pouvaient. Il fallait des étrennes à tout le monde : tant de sous parisis au doyen, tant de bourses aux docteurs, tant de gratification aux bedeaux, tant d'honoraires au chancelier, sans compter les robes, les bonnets, les fourrures et les festins qu'on était obligé de donner aux divers membres de la faculté et à ses confrères. C'était ruineux. Aussi s'arrêtait-on d'ordinaire au baccalauréat ou à la licence, d'autant que pour le doctorat en décret il fallait justifier au moins de quatre-vingts livres de revenu. La science des lois elle-même s'était faite aristocratique.

Les étudiants de la faculté de décret étaient libres pour la plupart, c'est-à-dire logés chez leurs parents ou chez des bourgeois. Treize places leur étaient cependant réservées dans les divers collèges de boursiers, et quelques autres se trouvaient dans les *studia generalia* des couvents. Comme leurs condisciples des autres facultés, presque tous étaient pauvres et obligés, pour gagner leur vie, de se livrer à des industries misérables. Il en était même qui mendiaient, et cela autant par besoin que par désir d'imiter l'humilité monastique. Leur nombre n'était pas considérable : deux ou trois cents peut-être, et encore sommes-nous haut.

Il faut du reste rabattre beaucoup des hyperboliques récits qui ont cours sur la multitude des étudiants de l'université de Paris. Si les statistiques récentes que l'on a faites sur les registres de ces diverses corporations sont exactes, il serait démontré que, même en ses plus beaux jours, elle n'eut jamais plus de deux mille écoliers et de deux cents maîtres.

Tel était au moyen âge le plan général d'une faculté, et telle en particulier l'économie de la faculté de décret. Les règlements étaient bons, mais vous avez déjà compris qu'ils étaient mal appliqués. Les décrétistes ne jouissaient pas d'une considération extrême, et peut-être ne faisaient-ils pas ce qu'il fallait pour se l'attirer. On se plaignait de l'indiscipline de leurs élèves, de la négligence et de la vénalité des maîtres. Les cours ne se faisaient pas ou se faisaient mal, les certificats d'assiduité étaient affaire de complaisance, les grades se vendaient ou se donnaient après des épreuves insuffisantes. On voit dans les doléances qui précèdent les projets de réforme que cette compagnie laissait beaucoup à redire.

Au reste, à part la faculté de théologie qui était composée d'hommes plus graves, la tenue générale de l'université était mauvaise. Tous les demi-siècles il fallait la réformer, et ces réformes ne corrigeaient pas les abus. Son gouvernement était tumultueux, comme il arrive toujours là où beaucoup gouvernent, et les divers corps qui la constituaient, sans cesse divisés par les luttes et les rivalités, ne pouvaient s'accorder. Les étudiants étaient débauchés, querelleurs, l'effroi de leur quartier et parfois de la ville. Le prévôt lui-même ne pouvait les contenir. Ils couraient en armes pendant la nuit, criaient, tapageaient, battaient les bourgeois et la police, volaient les passants et commettaient de ces actions qui aujourd'hui les mèneraient tout droit à la cour d'assises. En 1276, ils furent même jusqu'à jouer aux dés sur les autels des églises. Quelques-uns des maîtres ne valaient guère mieux. Ils allaient au cabaret avec leurs écoliers, jouaient avec eux, manquaient rarement aux rixes du pré aux Clercs, et comparaissaient aussi de temps en temps devant la justice du prévôt. C'était un cas légitime de ne pas faire cours que d'être en prison.

Maintes fois on avait voulu s'opposer à ces déréglements, mais toujours sans succès. Les grandes réformes du cardinal de Sainte-Cécile et du légat d'Estouteville n'avaient pas tenu. La faculté de décret se montrait l'une des plus incorrigibles. Au commencement du seizième siècle, elle paraissait avoir complétement oublié ses statuts. On ne faisait plus les leçons, le droit de régence se vendait au plus offrant, et l'on recevait aux grades des hommes qui n'avaient fait aucune étude. Les assemblées de l'université s'alarmèrent, et, à la requête du chancelier Spifame, le parlement reconstitua sur de nouvelles bases la faculté.

Aux termes de son arrêt en date du 13 juin 1334, on ne trafiquera plus de la science du droit. Il y aura six docteurs régents, qui feront exactement leurs leçons, de la Saint-Luc jusqu'à Pâques, et de Pâques jusqu'à Notre-Dame de septembre. Les deux premiers liront les décrétales, les deux autres le Sexte et les Clémentines, les deux derniers le grand décret. Le tout d'ailleurs avec les gloses et commentaires expédients. Les épreuves qui doivent conférer les diplômes seront sérieuses ; les aspirants à la *doctorerie* soutiendront en public deux *répétitions* solennelles. Les places se donneront au concours, les frais seront modérés, et pour plus grande garantie d'impartialité, les examinateurs seront assistés de deux conseillers de la cour.

Cet acte vigoureux imprima un mouvement salutaire à la faculté, qui fut depuis souvent appelée le collége des Six, *collegium sexvirale*. Mais bientôt arrivèrent les troubles religieux et les dissensions de la Ligue, et la faculté de décret retomba comme l'université tout entière dans une désorganisation complète. François Ier lui avait du reste porté un coup considérable par l'ordonnance de Villers-Cotterets, qui soustrayait les affaires temporelles aux juges d'église. Elle voulut se refaire, en ajoutant à son enseignement celui du droit civil qu'elle avait toujours ambitionné. Un moment même, sous Charles IX, elle était arrivée à ses fins; mais les écoles d'Orléans, de Poitiers et d'Angers présentèrent requête contre elle, et cette autorisation lui fut retirée.

Henri IV, dans sa réforme générale de l'université, revint à son tour sur la faculté de décret. Il ne put la relever : cette institution semblait porter en elle les germes d'une décadence incurable. Les nouveaux règlements qui lui furent donnés ne furent pas mieux appliqués que les anciens. En 1651, elle se trouva réduite un moment à son seul doyen, Philippe de Buisine, homme de mœurs équivoques, qui ne voulait s'adjoindre aucun collègue pour profiter seul des revenus de l'école, et qui s'était même emparé de ses bâtiments pour y loger sa femme, ses enfants, ses servantes, voire même, lui reprochait-on, son carrosse.

Cet état ne pouvait durer. Il fallait supprimer la faculté ou la transformer. C'est ce que fit Louis XIV, au plus fort de sa gloire. Par édit du mois d'avril 1679, la faculté de décret cessait d'être exclusivement ecclésiastique, pour devenir une faculté générale de droit, où l'on enseignerait à la fois les lois de l'Église, la législation romaine, les coutumes nationales et les ordonnances de nos rois. Des six chaires qui la composaient jusque-là, deux seulement restent au droit canonique; les quatre autres sont affectées au droit romain, et une septième est créée pour le droit français. Des hommes capables, en tête desquels figuraient Doujat et Halley, sont nommés à ces chaires, et on leur donne pour assesseurs un corps de douze agrégés qui rempliront les vacances et aideront à la collation des grades. Restait en outre le conseil de vingt-quatre membres qu'on avait institué, peu d'années auparavant, pour surveiller la discipline et la régularité des études.

Ces dispositions étaient communes à toutes les écoles de droit du royaume. Des commissaires furent chargés de les faire exécuter dans les universités de province, comme l'avaient fait à Paris les conseillers Boucherat et Bazin de Bezons. En pareil cas, les délégués de l'Église et du prince avaient toujours agi de concert; on ne voit pas que cette fois l'autorité ecclésiastique ait été consultée. Le grand roi tranchait ici du pontife, comme il aimait souvent à le faire, sans trop s'inquiéter de la canonicité de ses actes. Ce qu'il venait de décider n'était plus une réforme, mais une refonte complète de l'enseignement du droit. A partir de ce moment, en effet, on peut dire qu'il n'y eut plus à Paris ni en France de faculté de décret; il n'y eut plus que des écoles de droit civil, dans lesquelles les habitudes d'une société, qui s'ébranlait tous les jours, avaient conservé seulement quelques traces des lois de l'Église. Le clergé s'en éloigna, il n'avait plus grand'chose à y faire : il n'en sortit plus que des avocats et des procureurs. On continua dans cette voie. Louis XV fit quelques modifications de détail à cette ordonnance de son bisaïeul. Sur la fin de son règne, on transporta le siége de la faculté à l'endroit qu'elle occupe aujourd'hui, et vinrent enfin les jours de nos grands bouleversements politiques, où croulèrent à la fois notre organisation scientifique et sociale.

Telles sont, messieurs, les phases diverses qu'a subies dans sa vie extérieure la faculté de décret de l'université de Paris. Que vous dire de sa valeur doctrinale et de ses travaux ? Qu'il ne sortit rien de son sein que de très-modeste. L'école de droit de Paris non plus que celle de médecine ne furent jamais célèbres. Vous ne trouverez dans la liste de ses docteurs aucun des grands noms de l'histoire, aucun des maîtres illustres de Bologne, aucun des savants commentateurs de l'école espagnole ou romaine. Point d'hommes, bien entendu, de premier ordre, tels que Irnerius, Gratien, Accurse, Barthole; pas même les réputations secondaires de Barbosa, de Fagnan, de Navarre. Sous ce rapport, l'école de Paris reste encore inférieure à la plupart des universités du royaume. Elle ne peut se glorifier d'Alciat comme Bourges, de Cujas comme Toulouse, ni comme Orléans de Pothier. Parfois, à la vérité, ces savants hommes apparaissent dans ses auditoires; mais ils s'y trouvent dépaysés, et ils retournent bientôt dans les villes où la science de la justice s'est choisi de plus florissantes demeures.

Les raisons de cette infériorité, vous les avez devinées. La première est sans contredit cet état de désordre dans lequel nous avons vu cette école constamment s'alanguir.

Les autres sont le fait des circonstances et de sa propre constitution. En France, les parlements s'emparèrent de bonne heure des affaires mixtes et étendirent même leurs prétentions sur les causes purement spirituelles. Le parlement de Paris se montra surtout des plus jaloux et des plus empiétants. Sans cesse on le voit s'appliquer à tenir en sous-ordre la juridiction de l'Église et ses tribunaux, en sorte que les professions qui s'y rapportent devaient être naturellement assez peu en crédit. Puis, l'absence du droit civil. La faculté de Paris était incomplète, elle ne donnait que la moitié de la science que réclamait la pratique. Pour être reçu au serment d'avocat, il fallait aller ailleurs chercher une partie de ses grades. Maîtres et élèves fuyaient donc cette ville. On allait à Orléans, à Bourges, à Poitiers, où l'on étudiait à la fois les deux droits; il ne restait à Paris que les étudiants pauvres, ou ceux qui se destinaient exclusivement aux divers ministères du gouvernement de l'Église et des officialités.

Ne soyons pas injustes pourtant : si, au moyen âge, on ne rencontre guère à Paris que le cardinal Le Moine et Henri Boich dont on puisse tirer quelque gloire, au seizième siècle et dans le suivant, la faculté de décret présente quelques hommes qui ne sont pas sans notoriété dans l'histoire. Dans la réforme de 1534, le parlement lui faisait cet éloge, qu'elle avait fourni jusque-là une pépinière d'hommes honnêtes et intègres, qui avaient utilement rempli les charges de l'Église et celles de l'État. Au temps dont je vous parle, elle produisit aussi quelques savants. Les littérateurs n'ignorent pas le nom de Robert Gaguin, un des promoteurs de la renaissance : il était doyen de la faculté de décret, et non moins célèbre auprès de ses contemporains par ses connaissances canoniques que par son savoir en histoire, en poésie et en éloquence. Sur le tableau de ses maîtres vous trouverez encore Pierre Rébuffe, que l'on ne dédaigne pas de consulter aujourd'hui ; Antoine Le Conte, que Cujas déclare un des plus forts légistes qu'il ait rencontrés ; Cosme Guymer, Jean Quintin, Claude Minos, Hugues Guyon, François Florens, qui ont laissé des travaux d'une certaine importance, et un peu plus tard, Dartis, Davezan, Halley et Doujat, auquel on ne manque guère de renvoyer quiconque veut étudier l'histoire du droit de l'Église. J'allais nommer Baluze et Gibert, et peut-être aurais-je dit que l'école de Paris avait compté des hommes supérieurs, si le premier n'avait eu sa chaire au collége de France, et si la modestie du second ne l'avait constamment éloigné de tout ce qui pouvait faire ressortir son talent. D'autres noms me reviennent encore. Volontiers, je mentionnerais André Duval, Hallier, Isaac Habert. Ces docteurs ont composé des traités qu'on n'a pas refaits sur l'organisation de l'Église, la primauté du Saint-Siége, l'accord des deux puissances. Mais je ne puis oublier qu'ils appartenaient à la faculté de théologie, qui plus d'une fois d'ailleurs suppléa avantageusement sa voisine.

Je me trompe, messieurs, quand je dis qu'à Paris il n'y eut pas une école canonique célèbre. De la renaissance à la révolution, il y en eut une au contraire qui a rempli le monde du bruit de son nom et de ses doctrines. Je veux parler de l'école parlementaire. Si vous voulez connaître en effet l'école canonique qui a marqué à Paris, n'allez pas la chercher dans la rue Saint-Jean-de-Beauvais, parmi ces décrétistes qui ne trouvent rien de mieux que d'établir leur ménage dans leurs salles désertes; non, allez au parlement, parmi les juges et les avocats qui y siégent, ou bien écoutez ces docteurs qui se font gloire de partager leurs idées et de défendre leurs thèses. Là, vous verrez une école célèbre, des hommes qui ne sont pas obscurs : les frères Pithou, Dumoulin, Pasquier, Servin, Séguier, Guy-Coquille, Dupuy, Ellies Dupin, Launoy, Boucher d'Argis, d'Héricourt. La science ne leur manque pas, ils se sont tous savamment occupés de l'Église, de son gouvernement, de ses lois, de sa juridiction, de ses droits. Malheureusement, cette école n'est pas assez sûre. S'il s'est rencontré dans son sein de grands magistrats, des juristes illustres qui ont su se contenir dans les bornes de la libre opinion, le plus grand nombre les a dépassées; quelques-uns même ont franchi les limites de l'orthodoxie. J'en excepte Domat, l'austère et rigide Domat, qui, sans s'être complétement dépouillé des préjugés de son temps, a su comprendre qu'il n'y avait pas de meilleur appui pour la puissance humaine que le respect et le libre dégagement de la puissance spirituelle. Que ne puis-je, sans les mêmes réserves, vous présenter Fleury, Fleury dont la science n'a eu d'égale que sa piété, mais à qui il est arrivé, dans ses écrits sur le droit plus encore que dans son histoire, ce dont se plaignait lui-même saint Augustin, de trop affaiblir un principe pour vouloir trop bien défendre le principe contraire.

En dehors de l'université, je dois encore citer une école non moins célèbre que la précédente, et qui joint à sa célébrité la sécurité des doctrines. C'est l'école religieuse qui s'éleva en face de l'école parlementaire, et, il faut le dire, pour combattre en grande partie ses idées. Ses plus illustres représentants vous sont connus : ils appartiennent aux deux grandes compagnies qui honorèrent les derniers siècles, la compagnie de Jésus, qui défendit si vaillamment les droits du Saint-Siége qu'elle en mourut à la peine, et la société de l'Oratoire, sur laquelle quelques légers nuages ont pu passer, mais jamais l'obscurcir. Les travaux approfondis de Sirmond, de Petau, de Labbe, de Cossart, de Hardouin, de Cabassut, de Thomassin, de Bergier n'ont été dépassés nulle part. Ils restent à la fois comme des monuments glorieux pour la science des saints canons dans notre pays, et comme des mines fécondes où viennent puiser ceux qui veulent connaître les véritables fondements de la hiérarchie, et ceux qui veulent voir les formes diverses de la discipline dans les siècles passés.

La force d'une institution et son influence lui viennent du mérite et de la considération de ses membres. Parce que la faculté de décret compta peu d'hommes remarquables, son action ne fut jamais dominante. Son rôle doctrinal dans l'histoire et son importance sont secondaires. Comme les autres compagnies, elle suivait la faculté de théologie qui donnait le branle et la direction à l'université. De bonne heure cependant elle inclina vers le parlement et se fit beaucoup trop son docile satellite. Il est bien rare qu'ils ne marchent pas ensemble, quand il s'agit surtout de quelque démêlé avec la cour romaine. C'est ainsi que longtemps elle refuse de lire le Sexte dans ses écoles, parce que ce livre renfermait les bulles de Boniface VIII contre Philippe le Bel. Plus tard elle soutient de toutes ses forces la pragmatique sanction de Charles VII, et quand vient la fameuse déclaration de 1682, elle l'enregistre avec empressement, ce qu'hésite à faire la faculté de théologie. Que voulez-vous ? On se dépouille difficilement de l'esprit de corps. La faculté de décret n'était guère composée que de clercs et de légistes, qui de près ou de loin, visaient aux charges de justice ; il n'est pas étonnant que nous la trouvions imbue des maximes universellement répandues dans les conseils qu'elle recrutait.

L'université sombra, comme toutes choses, dans le gouffre entr'ouvert par la révolution. Lorsque Napoléon Ier réorganisa l'enseignement en France, le droit canonique fut joint à la théologie et réuni en une même faculté. La part qu'on lui fit fut d'abord bien petite, car on l'annexa à la chaire d'histoire, sous le nom de discipline ecclésiastique. Aujourd'hui cependant il a obtenu une place spéciale, et s'est dédoublé de cette chaire à peu près dans toutes les facultés de la création impériale. Dans les écoles de droit civil, il n'en est plus resté trace. Quelques points sommaires, touchant les rapports de l'Église et de l'État, sont rapidement examinés dans les cours de droit administratif ; et encore le sont-ils ordinairement dans un sens tout à fait étranger aux canons. La compétence de l'État n'y est pas mise en doute, et la puissance du législateur sur les matières ecclésiastiques n'y paraît pas plus discutable que sur les questions d'ordre financier et public que l'on y traite concurremment avec elles.

Triste retour des choses humaines et de l'esprit des temps ! Nos facultés de droit, qui furent toutes créées par l'Église et pour l'étude de ses lois, n'ont plus même une seule chaire qui leur soit destinée. N'y a-t-il pas là une lacune ? Des hommes sérieux l'ont dit, et ils ont raison. Outre, en effet, que sans une connaissance suffisante de la législation de l'Église, vous comprendrez peu l'organisation de l'ancienne société et ses habitudes, l'ignorance de son droit peut avoir aujourd'hui encore des inconvénients pratiques fort graves. A tout moment, des causes mixtes sont portées devant les tribunaux civils, les conseils de préfecture et le conseil d'État : affaires de fabriques, affaires de legs pieux, affaires de congrégations religieuses, d'évêchés, de séminaires, d'institutions charitables, sans parler des questions internationales et des conflits qui peuvent naître des circonstances. Instruire et juger toutes ces choses en dehors des principes qui ont dirigé les intéressés, c'est s'exposer à des confusions regrettables, et quelquefois même à une malheureuse application de la justice, sinon de la loi. Autrefois, il y avait des clercs dans les parlements et les conseils du roi. Ailleurs on a conservé cet usage, et peut-être eût-il été bon de ne pas l'abolir; car, croyez-le, on ne fait pas bien les affaires de l'Église quand on veut les faire sans elle.

Abandonné dans les écoles publiques, le droit ecclésiastique s'est réfugié dans les séminaires et les instituts religieux. Il y a d'abord été reçu assez froidement. On n'avait pas le temps de s'occuper de lui. Les besoins du ministère appelaient ailleurs les forces du clergé. Aujourd'hui que les vides causés par la révolution sont un peu comblés, et que quelques loisirs ont été faits à l'Église, on s'est porté vivement vers cette partie de son enseignement. De nouveaux travaux ont été faits, des livres qui ne sont pas sans valeur ont paru; on s'est repris à aimer ces vieux codes, détenteurs de la sagesse des siècles, comme on aime ces vieux titres qui font revivre une généalogie et attestent la légitimité d'anciens droits.

Ce mouvement des esprits a été très-heureux. La nouvelle école canonique n'a pas été sans part dans cet élan qui pousse les âmes vers Rome, et dans ces liens d'affection qui unissent tous les jours davantage les églises particulières au centre de l'unité. Elle peut devenir plus utile encore et rendre de sérieux services, si elle sait se préserver de quelques défauts. Qu'elle évite l'esprit de système, qui est toujours plus ou moins un esprit de passion. Qu'elle ne particularise pas ses doctrines; l'Église protége les droits de tous. Qu'elle n'étudie pas trop en archéologue, et qu'elle tienne compte des changements que la nature même de la discipline, la diversité des temps et les concordats ont dû successivement introduire. Qu'elle ne tombe pas dans la minutie, la fausse casuistique, le cérémonialisme. Qu'elle se montre charitable envers ceux qui sont ses adversaires ou qui ne sont pas assez ses amis, et nous pourrons voir la résurrection de cette grande vie publique de l'Église qu'appellent de leurs vœux tant de généreuses aspirations.

C'est aux évêques, Monseigneur, à encourager ces tendances et à remettre en honneur parmi nous les études de la théologie et des saints canons. Les moyens ne sont peut-être pas aussi faciles à indiquer que les désirs; mais votre sagesse, cette netteté de vues et cet esprit de décision, qui sont peut-être le côté supérieur de votre caractère, sauront bien discerner ceux d'entre eux qui sont praticables. Certes, nous n'avons pas à nous plaindre : les archevêques de Paris se sont montrés constamment les promoteurs du mouvement scientifique dans le clergé, depuis que ce mouvement s'est produit. Vous les avez secondés quand vous étiez leur coopérateur et leur conseil. Aujourd'hui que la

Providence vous a confié le gouvernement de cette grande Église, vous perfectionnerez leur œuvre qui fut aussi la vôtre, et le succès couronnera vos efforts comme il a couronné tous les actes de votre ministère. Chacun se fera du reste un devoir de vous suivre. Vous serez aidé dans cette voie par le pieux et savant prélat qui nous dirige; vous serez obéi par nous tous, qui nous estimons heureux de marcher sous cette double direction... Nous tous, je me trompe : il en est un qui manquera, l'un de ceux que vous estimiez le plus et qui le méritait davantage. Vous nous l'aviez ravi une première fois, Monseigneur, pour l'associer à vos travaux et à vos sollicitudes, et voilà, qu'à son tour, l'Église vous le prend à vous-même, pour le faire asseoir aux sommets de la hiérarchie. Qu'il aille, ce vénéré collègue, qu'il aille où la voix de Dieu et de son pontife l'appelle. Nous le suivrons de nos vœux, sur cette terre près de laquelle déjà l'un des nôtres se fait bénir. Mais qu'il sache bien que nous ne le laisserons pas partir tout entier. Nous voulons garder au milieu de nous, comme un puissant exemple, le souvenir de sa science et de ses vertus [1].

1. Mgr Meignan, évêque nommé de Châlons, antérieurement professeur d'Écriture sainte à la faculté.

Nota. Pour la justification des faits que nous avançons, et pour de plus amples détails sur l'organisation et le fonctionnement des anciennes facultés de l'université de Paris, nous renvoyons à l'histoire de Du Boulay, à la savante continuation qu'en a faite M. Charles Jourdain, et à la thèse remarquable de M. Thurot sur le même sujet.